日大式で差がつく！
陸上競技 跳躍種目 トレーニング

~走り幅跳び・三段跳び・走り高跳び・棒高跳び~

日本大学陸上競技部跳躍コーチ
森長正樹監修

メイツ出版

はじめに

　2016年に刊行された「記録が伸びる！陸上競技跳躍〜走り幅跳び・三段跳び・走り高跳び・棒高跳び〜」は、たくさんの中高生アスリートや指導者の方々にご愛読、ご好評をいただきました。この場を借りて御礼申し上げます。

　同書では跳躍4種目の基本的なフォームをはじめ、技術の解説やポイント、注意点、競技規則（ルール）、簡単な練習方法を解説しました。一見すると、選手たちは「走って跳ぶ」という動作をいとも簡単に行っているように思えます。しかし実際は、身体の筋肉や神経の細かい部分まで意識しなければいけないこと、そしてそれを体現する難しさがあることを理解していただけたと思います。

　本書はその実践編として、跳躍4種目をレベルアップさせるためのトレーニング方法を紹介しています。モデルは日本大学陸上競技部の学生に務めてもらいました。彼らが日頃取り組んでいるトレーニングは、学生やシニアの大会で一定の結果

を残してきた事実が、その確かさを示しています。ただ、陸上競技におけるトレーニングには、万人が必ずレベルアップできるという絶対的なメニューはありません。本書を参考にし、試行錯誤しながら自分に合ったトレーニングを見つけ、取り組んでみてください。

　陸上競技は、常に自己記録との戦いです。もちろん、試合での勝ち負けもありますが、跳躍種目ならセンチ単位の自己ベストを目指す。それを達成することで、大きな満足感を得られるのです。本書がみなさんの充実した〝陸上競技ライフ〟のお役に立てれば幸いです。

日本大学スポーツ科学部 教授
日本大学陸上競技部 跳躍ブロックコーチ
走幅跳日本記録保持者（2017年10月現在）
森長正樹

この本の使い方

この本では、陸上競技の跳躍種目である走高跳、棒高跳、走幅跳、三段跳で上達するためのトレーニング（練習法）を紹介しています。

4種目それぞれの技術において、姿勢やフォームの注意点、上達するためのトレーニング法を解説しています。読み進めていくと着実にレベルアップすることができます。また、特に知りたい、苦手だから克服したいという項目があれば、その項目だけをピックアップしてチェックすることもできます。トップクラスの選手たちの練習法を参考にして、正しい技術を身につけましょう。

各ページには、紹介している動作をマスターするためのコツやヒントが「レベルアップ」としてあげられています。理解を深めるための助けにしてください。さらに巻末には、4種目共通のコンディショニングのページも設けておりますので、練習メニュー前後に取り入れましょう。

タイトル
このページでマスターするコツとテクニックの名前などが一目でわかるようになっている。

CHECK POINT
コツをマスターするためのポイントを紹介している。練習に取り組む際には、常に意識しよう。

レベルアップ
トレーニングや CHECK POINT! と連動して、テクニックをマスターする上で必要なポイントや注意点を列記している。

連続写真
練習方法やフォームなどを連続写真で解説。動作する上でのポイントをアドバイスしている。

CONTENTS

はじめに ……………………………………………………………… 2
この本の使い方 ……………………………………………………… 4

PART1 走高跳トレーニング

コツ01	体を反らせて背面からバーを越える ……………………… 10
コツ02	体がブレないように軸を安定させる ……………………… 12
コツ03	足はカカトから拇指球へ接地する …………………………… 14
コツ04	ヒザが伸び切ったタイミングで接地する ………………… 16
コツ05	踏み切り前の重心を下げる意識を高める ………………… 18
コツ06	3歩の動きから踏み切りをイメージする ………………… 20
コツ07	腕を振りあげるタイミングを合わせる …………………… 22
コツ08	腰周辺をやわらかく使えるようにする …………………… 24
コツ09	股関節のストレッチで柔軟性を高める …………………… 25
コツ10	踏み切りの瞬間的な力を強化する ………………………… 26
コツ11	腰を落とすケンケンで下半身を鍛える …………………… 27
コツ12	コーナーで加速しながら走る ……………………………… 28
コツ13	左右にくねくねと曲がりながら走る ……………………… 29

Column 「トレーニングでのシューズ選び」……………………… 30

PART2 棒高跳トレーニング

| コツ14 | ポールをしならせて反発を利用する ……………………… 32 |
| コツ15 | 空中で体を操るバランス感覚を磨く ……………………… 34 |

コツ16	基本となる跳躍で棒高跳の動きを知る	36
コツ17	勢いよく踏み切って体を遠くに跳ばす	38
コツ18	踏み切り動作とタイミングを確認する	40
コツ19	移動式ボックスでポールを押し込む	42
コツ20	短助走から実際の形で上方向に跳ぶ	44
コツ21	鉄棒を利用して空中動作を身につける	46
コツ22	鉄棒にぶら下がりバーベルや脚を上げる	48
Column	「棒高跳の練習での安全対策」	50

PART3　走幅跳トレーニング

コツ23	空中で手脚を回し、走るように跳ぶ	52
コツ24	空中で弓なりの体勢をつくって跳ぶ	54
コツ25	走力と跳躍力のレベルアップを図る	56
コツ26	スピードを上げ最後は気持ち良く走る	58
コツ27	正しい踏み切り姿勢を身につける	60
コツ28	動きながら踏み切り姿勢を確認する	62
コツ29	ピットで短い助走から実際に跳ぶ	64
コツ30	本来の正しいヒザの角度で踏み切る	66
コツ31	助走を伸ばして中助走から跳ぶ	68
コツ32	シャフトを使って筋力アップを図る	70
コツ+α	立幅跳で着地動作を習得する	72

PART4　三段跳トレーニング

- コツ33　最高スピードを維持し跳躍につなげる …………………………… 74
- コツ34　同じ足で2回続けて跳躍する ……………………………………… 76
- コツ35　ホップ、ステップとは逆の足で踏み切る ………………………… 78
- コツ36　バランスを崩さずに連続して跳ぶ ………………………………… 80
- コツ37　骨盤を動かして腰が乗るようにする ……………………………… 82
- コツ38　スピードロスのない踏み切りを磨く ……………………………… 84
- コツ39　走幅跳で基本的な跳躍力を高める ………………………………… 86
- コツ40　跳躍のリズムとタイミングを覚える ……………………………… 88
- コツ+α　最後に右足で踏み切る …………………………………………… 90
- コツ41　片脚の連続ジャンプで前進する …………………………………… 92
- コツ42　股関節まわりの筋力を強化する …………………………………… 94
- コツ43　100mを続けてバウンディングする ……………………………… 95
- Column　「練習でのマーカーの有効活用」……………………………… 96

PART5　コンディショニング

- コツ44　心身の調子を整えて質の高い練習を行う ………………………… 98
- コツ45　ストレッチで柔軟性を高めてケガを防ぐ ………………………… 100
- コツ46　股関節の筋肉を動かしてほぐす …………………………………… 102
- コツ47　低い姿勢を保って各種ジャンプを行う …………………………… 103
- コツ+α　臀部から大腿部の筋力を強化する ……………………………… 104
- コツ+α　ボール投げで体幹力を高める …………………………………… 105
- コツ48　バランスよい食事を心がける ……………………………………… 106
- コツ49　間食と水分補給を習慣づける ……………………………………… 107
- コツ50　ノルマを決めて集中力を高める …………………………………… 108
- コツ+α　試合を想定して練習に取り組む ………………………………… 109

PART1
走高跳トレーニング

※トレーニングの回数は表示されているものを目安に。回数の表示がないものは、自分のコンディションやトレーニングの目的を理解したうえで取り組む

PART 1 コツ 01 走高跳（背面跳び）のフォーム

体を反らせて背面からバーを越える

助走は曲線に入るところで体を内傾させる

　走高跳のフォームは、1960年代後半に登場した「背面跳び」が現在の主流。左脚で踏み切る場合は、右側から助走を始める。最初は直線的に走って速度をあげ、スピードに乗ってきたところでバーへ向けて曲線的に入っていく。

　跳躍の局面では、片足で踏み切り、体の軸をキープしながら腕と脚を振りあげる。空中ではしっかりと体を反らせることがポイント。アゴを上げ、頭を後方に反らせるとバーが足に引っかからないように抜くことができる。足がバーを越えたら、アゴを引いて背中からマットに着地するようにしよう。

- 助走の歩数は9歩または11歩が目安。マーカーで目印をつけるとよい
- 直線から走り出し、曲線に入ったら体を内傾させてスピードを維持する
- バーに対して横から入り、体の軸をまっすぐに保って踏み切る
- 頭を後ろに落とし込むようにして背中を反らせてバーを越える

走高跳

CHECK POINT

助走は、スキップするように走り出すローリングスタートと、補助助走なしで走り出すスタンディングスタートがあり、自分に合った方を選択する。曲線に入るところで体を内側に傾けると、スムーズに曲がることができる。

CHECK POINT

踏み切りは、体の軸をまっすぐにし、踏み切り足とは逆の足と手をあげて、体を垂直方向に引きあげる。頭を後ろに落とし込むことにより、背中を反らせてバーを越える。足がバーを越えたらあごを引いて背中から着地する。

PART 1　コツ 02　走高跳で鍛える筋肉

体がブレないように軸を安定させる

衝撃に耐えうる大腿前部の筋力強化が不可欠

　走高跳は跳躍4種目の中で、体への衝撃がもっとも大きい。助走で生み出した水平方向の力を瞬間的に垂直方向に変えなければいけないからだ。そのため、**踏み切りの局面で体がブレないように軸を保つための強化や、正確な動作の中で姿勢を維持するトレーニングが欠かせない。**

　筋肉ではヒザの上の部分（大腿前部）が重要。階段を降りるときにヒザがカクンと落ちるのを食い止めている筋肉だ。踏み切りで一瞬止まる際に衝撃があるが、そこで大腿前部がしっかり受け止めないと、ヒザが前に出て、いわゆる「つぶれた踏み切り」になってしまう。

走高跳

POINT ❶ 正しい踏み切りを覚え まずは短い助走で跳ぶ

走高跳は踏み切りのタイミングと、その瞬間の正しい姿勢が成功のポイント。ドリルなどで動き作りをきちんと行ってから、実際の跳躍へと移行していく。まずは短い助走から正しく跳ぶことを意識し、徐々に助走の距離を長くするとよいだろう。

POINT ❷ ヒザ上の筋力アップと 股関節の柔軟性も磨く

跳躍ではヒザの上の部分（大腿前部）に大きな衝撃を受けるため、ジャンプ系の基礎トレーニングでヒザまわりを中心とした下半身を強化する。また、バーを越えるクリアランスの局面で重要になる、股関節まわりの柔軟性もしっかり高めておきたい。

POINT ❸ 体を傾けても 遠心力に振られず走る

最初の局面である助走の練習もできるだけ取り入れたい。走高跳の助走は基本的にまっすぐ入り、ややカーブする局面で体を内側に傾ける。これによって体の起こしが得られる。うまく踏み切り局面につながるような助走を身につけよう。

+1 プラスワンアドバイス

スクワットなどのトレーニングで日頃からヒザ下の筋肉を鍛えよう

走高跳の選手はスラリと細い体型に見えるが、短・長距離、あるいは他の跳躍種目の中では、ヒザ上の筋肉がとくに発達しているという特徴がある。とくに踏み切り脚のその部分はスクワットなどで日頃から強化しておこう。

PART 1 コツ03 踏み切りドリル（接地）

足はカカトから拇指球へ接地する

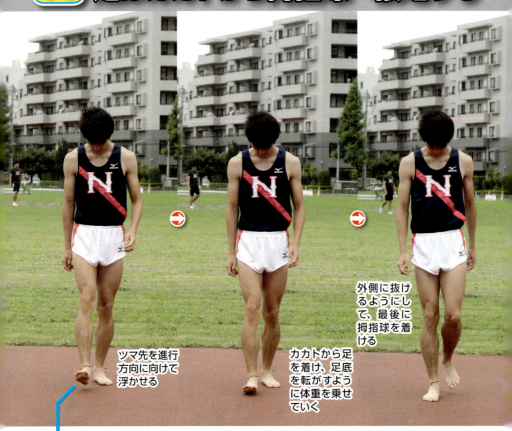

ツマ先を進行方向に向けて浮かせる

カカトから足を着け、足底を転がすように体重を乗せていく

外側に抜けるようにして、最後に拇指球を着ける

トレーニング① つま先を進行方向へ向け足底を転がすように接地する

踏み切り足の接地は、カカトから着き、外側に抜けるようにして拇指球に持っていく。その動きを意識づけるためのトレーニング。やや地味だが、助走の局面でも生きるので怠らずに取り組もう。正しい感覚を身につけるにはシューズを脱いで裸足で行うのがベストだ。

CHECK POINT

ツマ先から接地するのはNG。早く、強く踏み切りたい気持ちが先行すると、焦りによってツマ先から落ちてしまい、接地前に体が前に移動して踏み切りがつぶれやすい。

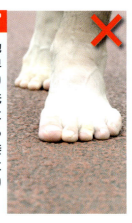

- ツマ先を進行方向に向けて浮かせ、カカトから足を着ける
- 足の外側に抜けるようにして拇指球に持っていく
- ツマ先からの接地は、踏み切りがつぶれやすくなるのでNG
- 可能ならば裸足で、体のバランスを考えてできるだけ両足を行う

走高跳

ツマ先から入らない。浮かせてカカトから入る

カカト→足の外側(小指のつけ根あたり)→拇指球へ

接地した側の脚1本で安定して立つのが理想

CHECK POINT

カカトから接地することでグッと力を入れやすい。足の外側を抜け、拇指球へと持っていく。土踏まずを避けるようなイメージで、足底を転がすように体重を乗せていく。

CHECK POINT

基本的には踏み切り足だけ行えばいいが、体のバランスを考えると逆の足でも行いたい。助走などの走りにも有効だ。シューズを脱いで裸足で行うと、より感覚をつかめる。

PART 1 コツ04 踏み切りドリル(踏みしめ)

ヒザが伸びたタイミングで接地する

踏み切り足をヒザが90度くらいに曲がるまであげる

重心を前足(踏み切り足)から後ろ足に移動させる

小さく前に1歩踏み出すようにして下ろす

ヒザが伸びた瞬間にタイミングよく接地する

踏み切りの局面で、曲げた脚を伸びた瞬間に接地させるのが目的。ヒザがまだ深く曲がっているのに接地したり、伸ばし切った状態で接地しないよう注意し、下ろしてヒザが伸びたタイミングで足を着ける。それによって骨盤の位置が変わらずに踏み切れる。

CHECK POINT

重心を前足(踏み切り足)から後ろ足(リード脚)に移動させながら、前足をヒザが90度くらいに曲がるまであげ、小さく1歩踏み出すようにして下ろす。この動作を繰り返す。

- 踏み切りの局面では、前足が踏み切り足に、後ろ足がリード脚になる
- 重心を後ろ足に移動させ、前足をヒザが約90度に曲がるまであげる
- 足を下ろしたとき、そのヒザがしっかり伸び切っているようにする
- ヒザが深く曲がっているのに接地するのはNG

走高跳

前足が踏み切り足に、後ろ足がリード脚になる

踏み切り足を高くあげる。ヒザの角度は約90度に

足を下ろし、ヒザが伸びたタイミングで接地する

CHECK POINT

ヒザが深く曲がっている状態で接地しない。これでは踏み切りの際、助走で作り出したパワーを垂直方向に効果的に変換できない。伸ばし切った状態での接地はケガにつながる。

CHECK POINT

ヒザが伸びたタイミングで足を接地させる。足を着くときはカカトから拇指球へ。ツマ先から着かないように注意する。実際の跳躍ではこのタイミングが成否を分ける。

PART 1　コツ05　踏み切りドリル（低重心歩き）

踏み切り前の重心を下げる意識を高める

お尻を引くようにして重心を下げる

腰を落としたまま歩く。
ヒザ下から前に運ぼうとせず
カカトから接地

 トレーニング① ヒザを前に出すのではなくお尻を引くようにして歩く

　踏み切りに入る直前（助走の最終局面）では重心を低くする。その意識を高めるために低重心で歩くトレーニング。重心を下げる際、ヒザを前に出して曲げると、大腿前部側しか使えなくなってしまうので、骨盤を前傾させてお尻を引くようなイメージで歩くとよい。

CHECK POINT

　両手を腰に置くことで腰が上下しない効果がある。骨盤が前傾しているかどうかもすぐにわかりやすい。上体は前かがみにならないように、視線を前に向けてリズム良く歩く。

18

- 踏み切り直前のために重心を低くする意識を高める
- お尻を引いて、骨盤を前傾させるようなイメージで重心を下げる
- ヒザを深く曲げすぎて腰を落とすのはNG
- 上体は前かがみにならないように、視線を前に向けてリズムよく歩く

走高跳

両手を腰に置き、腰が上下していないことを確認する

上体を起こし、視線は前に向けてリズムよく

CHECK POINT

ヒザを屈伸させてから脚を前に運ぼうとすると、走る際にブレーキの役割を果たす大腿前部だけを使ったり、重心が上にあがってしまう。お尻を引く意識で重心を落とす。

CHECK POINT

踏み切りでは衝撃に負けないように脚を鋭く突っ張る。このとき、最後の1歩が間延びするとつぶれやすくなるので、踏み切り2～3歩前から体の重心を下げるのが理想だ。

PART 1 コツ06　3歩踏み切り
3歩の動きから踏み切りをイメージする

1歩目（踏み切り2歩前）は強くキックせず、「乗る」感じでさばく

2歩目（踏み切り1歩前）で重心を落とす。お尻を引くイメージで

 トレーニング 1
1歩目を乗る感じでさばき 2歩目で重心を下げる

　足の接地や重心を下げることなどを意識しながら、最後の踏み切りですべての力を上方向に持っていくトレーニング。これを3歩で行う。踏み切り1歩前で重心を落とすためには、2歩前（ここでの1歩目）は強くキックせず、「乗る」感じでさばくといいだろう。

CHECK POINT

　踏み切りの局面で腕が下に残ったままだと、上方向への力が低減してしまう。踏み切ると同時に、踏み切り足と逆の片腕、あるいは両腕をタイミングよく上に振りあげる。

PART 1

コツ 07 体側ドリル

腕を振りあげるタイミングを合わせる

左右の腕を大きく振りながらスキップ開始

踏み切り足はカカトから入り、外側を抜けて拇指球を着けていく

トレーニング① スキップで踏み切り 腕も合わせて振りあげる

　スキップをしながら踏み切りの動きを入れ、踏み切りの瞬間に脚と腕のタイミングを合わせることが狙い。踏み切った時に逆の脚を高く振りあげ、その後ヒザ下を前に伸ばすようにして下ろす。脚の動きに合わせて、腕を前後に大きく振る。腕は遅れやすいので注意しよう。

CHECK POINT

　うまくできないときは脚だけ意識し、慣れてきたら腕の動きも加える。腕をタイミングよく大きく振り込む、またはスキップのスピードを速めることで踏み切りに高さが出る。

・踏み切りの動きを強調しながらスキップを行う
・踏み切った時に逆の脚と、踏み切り足側の腕を高く振りあげる
・踏み切りの瞬間に脚と腕のタイミングを合わせる
・慣れてきたらスキップのスピードを速めて踏み切りに高さを出す

走高跳

右脚を高く振りあげると同時に、左腕を上方向へ

振りあげた脚のヒザ下を前に伸ばすようにして下ろす

同じリズムでスキップを続ける

振りあげた足はカカトから接地する

PART 1 コツ08 ツイストジャンプ
腰周辺をやわらかく使えるようにする

10回×3セット

1回1回のジャンプをできるだけ高く跳ぶことが望ましい

空中で腕と上体を左にひねったならば、腰と脚は右にひねる

なるべく同じ位置に着地し、次は上半身と下半身を逆方向にひねる

トレーニング① 高くジャンプしながら上半身と下半身を逆にひねる

背面跳びでは、踏み切りからバーを越えるクリアランスに入る局面で、体をひねって跳ぶのが基本だ。上手くできないと不自然な動きになり、十分な高さも得られない。そこでツイストジャンプによって骨盤を中心にひねり、腰周辺がスムーズに動くようにする。

- 骨盤を中心にひねり、腰周辺がスムーズに動くようにする
- ジャンプは1回ずつ高く跳び、なるべく同じ位置に着地する

PART 1 コツ09 開脚ジャンプ

股関節のストレッチで柔軟性を高める

走高跳

20回×3セット

記録を向上させるには股関節の柔軟性が欠かせない

走高跳では、助走、踏み切り、クリアランスとすべての局面で股関節の柔軟性が不可欠。股関節がやわらかいほど記録向上の可能性が高まる。体全体が沈まないように意識しながら、リズムよく脚を大きく動かそう。腰を深く落とすランジよりも効果が期待できる。

両手を肩幅に開いて地面につき、片足を手の横に、もう片方は後方に伸ばす。手は動かさずに、ジャンプして両足を入れ替える。同じリズムでその動きを繰り返す。体が深く沈みすぎないこと。

 レベルUP
・脚を大きく前後に開き、リズムよく入れ替える動きを繰り返す
・体が下に沈み過ぎないように注意する

25

PART 1 コツ 10　ボックスジャンプ
踏み切りの瞬間的な力を強化する

10回×3セット

助走をつけずに両足でボックスに飛び乗る

接地はどちらかと言えばカカトからフラットに着く

両足でボックスから跳び下りる。ポンポン…とリズムよく行う

トレーニング ❶　腕を振り出して跳べばタイミングを合わせる練習に

　踏み切りの局面の瞬間的な力を鍛える補強系のドリル。ボックスに飛び乗るタイミングで両腕を前に振り出すようにすると、踏み切りの際の腕のタイミングを合わせる練習にもなる。ボックスでなくても、自分の跳躍力に合った高さの段差があればどこでもできる。

- 両足ジャンプでボックスに昇り降りし、瞬間的な力を鍛える
- 両腕を前に振り出すと、踏み切りでタイミングを合わせる練習にもなる

PART 1

コツ 11 ケンケン

腰を落とすケンケンで下半身を鍛える

走高跳

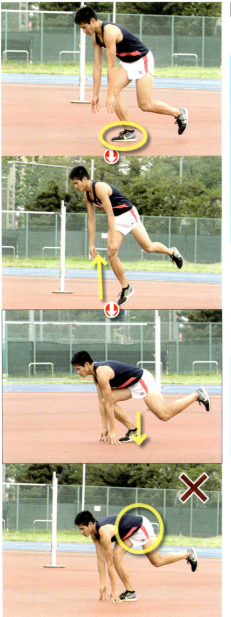

片脚20〜30回×3セット

 トレーニング 1 **大きな歩幅で跳ぶより お尻を下げる形を重視する**

下半身の筋力を強化するためのドリル。大きく前に跳ぶよりも、正しい形を作って跳ぶことを意識する。とくに重要なのはお尻を下げること。しっかりできるとお尻やハムストリングに刺激が入る。ラインを引いてその上を跳ぶと左右へのブレがなくなる。

片足1本で立ち、バランスを取りながら重心を下げる。形を意識して2足分ぐらいの幅で前にケンケンし、1回ずつお尻を深く下げる。軽く手を地面についてもOK。

 レベル UP

・低い重心を保ってケンケン。1回ずつお尻を深く下げる
・大きな歩幅よりも正しい形と回数を意識する

お尻を高くしたままでは脚が曲がらず、お尻も下げられない

PART 1
コツ 12　コーナー走
コーナーで加速しながら走る

スピードを保ったままコーナーを走り抜ける

助走の曲線でよくあるのが失速。前半で出したスピードを後半に生かせないことが多い。そこでコーナーを加速しながら走る意識づけを行う。体の軸がブレないように内側に傾け、遠心力を上手く利用することが大切だ。

目標物を置いて行う。最初の30mは加速しながら走る。30mからはスピードをキープ。少し脱力するくらいでOK。60mから80mまでは足の回転数を上げてさらに加速する。体の軸が垂直に起きてしまわないように注意する。軸はあくまでもまっすぐのまま。

- 80mのコーナーに目標物を置き、失速しないように走る
- 最初の30mは加速、60mまではキープ、残り20mで再び加速する

PART 1

コツ 13 スネーク走

左右にくねくねと曲がりながら走る

走高跳

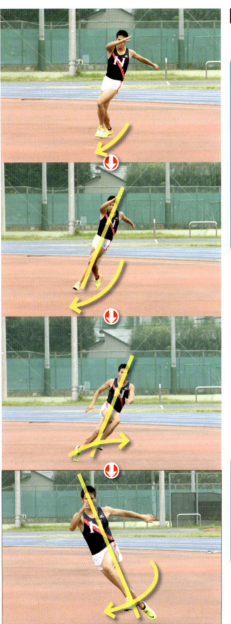

左右交互に10回×3本

トレーニング 1 蛇のようにくねくね走り 内傾の感覚と動作を理解する

左右にくねくねと曲がりながら走り、体を内側に傾ける感覚を養うトレーニング。体の軸はまっすぐ保ったまま、下半身を自由に動かす。遠心力で外側に振られないように、腕でうまくバランスを取りたい。大きな円を描くように走ると、自然な内傾動作が身につく。

2本の直線があると想定し、右線の右側を走り抜ける。腕でうまくバランスを取り、遠心力に負けないように。左線に向かって加速し、下半身を自由に使おう。左線の左側を同じように走り抜ける。

レベルUP
・上体や頭がブレないようにしながら左右にくねくね走る
・軸はまっすぐに保ち、下半身を自由に動かす

Column 「トレーニングでのシューズ選び」

　走る種目と同様、跳躍でも「シューズ」にはこだわりを持ちたい。跳躍の専用シューズはソールを強化したものが多く、特殊なスパイク（ピン）がついているのが一般的だ。履くことでパフォーマンスをアップできるだろう。

　4種目それぞれの動きにあわせた構造になっており、走高跳は踏み切り足用と振り上げ足用で左右が非対称。ソールに傾斜があり、カカトにピンがつく。走幅跳、三段跳、棒高跳は助走スピードを重視する特性から、カカトにピンがないが、脚に衝撃を受けやすい三段跳の方が走幅跳よりもカカトが厚い場合が多い。

PART2
棒高跳トレーニング

※トレーニングの回数は表示されているものを目安に。回数の表示がないものは、自分のコンディションやトレーニングの目的を理解したうえで取り組む

PART 2 コツ14 棒高跳のフォーム
ポールをしならせて反発を利用する

空中で体の軸をひねりながらバーを越える

ポールの先端を上前方に向けて助走に入り、スピードに乗った助走終盤でポール先端を下方に向ける。ポールをボックスに突き入れ、同時に片足で踏み切って跳びあがる。ポイントは、**しなるポールを持つ利き手から真下の位置で地面を蹴ること。**これにより上方にスムーズに跳びあがることができる。

体をコンパクトにポールに預けて、しっかりとタメを作る。上下逆の体勢から、ヒジを曲げ、腕の力で体をより高い位置まで引きあげる。バーに対して背中向きの体勢から、体（軸）をひねってバーを越え、マットに着地する。

レベルUP↗

- 助走終盤でポールの先端を下げ、ボックスに突き入れる
- しなるポールを持つ利き手から真下の位置で地面を蹴る
- 踏み切った後は、体をコンパクトにポールに預ける
- 両脚を一気に降りあげ、体の軸をひねりながらバーを越える

棒高跳

CHECK POINT

助走の最終盤で両腕を高くあげ、ボックスにポールを突き入れる。理想的な位置と角度で突き入れられると、ポールがしなって反発力が高まる。

CHECK POINT

踏み切って跳躍に入ったら、体をポールに預けてコンパクトになる。そこから一気に両脚を振りあげてバーを越えるクリアランスの動作に移る。

PART 2 / **コツ 15** 棒高跳で鍛える筋肉

空中で体を操るバランス感覚を磨く

体を自在に操る能力と上半身、腕力を鍛える

　基本的には、助走を速く走れる走力と跳躍時の瞬発力が求められるが、もっとも重要なのはバランス感覚。**棒高跳は空中で脚を振りあげたり、体をひねったりするため、バランスを崩さないように体を自在に操る能力を磨きたい。**脚の振りあげや回転する中での体の位置の確認は、鉄棒を使うと効果的だ。

　ポール（棒）を扱うのも他の跳躍種目と異なる。ただ持って走るだけでも簡単ではない上、ポールを曲げてその反発を利用しなければならない。風などの影響も受けやすい。その意味でも上半身や腕の筋力も鍛える必要がある。

棒高跳

POINT 1 跳躍で唯一、用具を扱う種目 ポール操作に早く慣れる

長く重量のあるポールは、慣れるまでは持って走ることさえ難しい。助走、ボックスへの突っ込み、踏み切り、バーを越えるクリアランスなど、それぞれの局面で正しく操作できるように徐々に難易度を上げながらポールに慣れていこう。

POINT 2 鉄棒でバランス感覚を磨き 非日常的な動きを経験する

踏み切った後は、空中で脚を振り上げたり、体をひねったりする。そうした非日常的な動きをこなすには、鉄棒などでバランス感覚を養い、恐怖心も排除したい。自分が今、どういう体勢になっているかを意識しながら取り組むこと。

POINT 3 跳躍練習は短助走から 安全を確保した中で行う

実際の跳躍は、数歩の短助走から始め、徐々に中助走、全助走と伸ばしていくとよい。棒高跳は他の種目にはないダイナミックさが魅力だが、その分、危険も隣り合わせ。とくに跳躍練習ではマットやマット付近の安全を十分に確認してから行おう。

+1 プラスワンアドバイス

自分のレベルに合ったポールを選択する

ポールの材質や長さ、太さには、競技規則においてとくに制限はない。長ければ跳躍には有利だが、それだけ重量も増し、扱いが難しくなる。硬いポールも大きな反発を得られるが、体力や走力が強くないと正確に扱えない。

PART 2 コツ16　ポールワーク

基本となる跳躍で棒高跳の動きを知る

ポールを短めに持ち、腰の位置で構える

6歩程度の短助走で助走をスタート

トレーニング① 踏み切りとポールの出すタイミングを合わせる

　ポールワークは棒高跳の基本。ポールを曲げないので恐怖心を感じず、簡単にできる。意識したいのは、踏み切りとポールの出すタイミングを合わせること。ポールを出し遅れると、手が伸び切らないまま突き刺さり、引っ掛かるような感じになってしまう。

CHECK POINT

踏み切って体を前に飛ばすタイミングと、ポールをおでこの前に持ってくるタイミングを合わせる。ポールワークは短助走でポールを曲げないので、恐怖心もなく練習しやすい。

- 短助走からポールを短めに持って始める
- ポールは斜め前に向かって、おでこの上に突き出すように出す
- ポールを刺したときの持ち手の真下で踏み切る
- 踏み切りとポールの出すタイミングを合わせる

棒高跳

ポールを斜め前に向かって、おでこの上に突き出すように出す

踏み切る位置は、ポールを刺したときの持ち手の真下

勢いを保ったまま向こう側のマットに着地する

しっかりとぶら下がりながらポールを起こす

PART2 コツ17 棒幅跳

勢いよく踏み切って体を遠くに跳ばす

6歩程度の短助走で、ポールを短めに持って助走スタート

ポールを出すタイミングを合わせながら力強く踏み切る

トレーニング1　踏み切りで勢いよく体を前に跳び出させる

　ポールワークでは手と踏み切りのタイミングを合わせることを意識したが、そこに勢い良く前に跳び出していく要素を加える。ここでは上ではなく、水平（前方のマット）方向に跳ぶのが狙い。効率よくポールにぶら下がるためには、体に引きつけるのがよい。

CHECK POINT

　棒幅跳は、ポールワークよりもスピードを出した助走から思い切って跳ぶ。そのため、ポールを出す手のタイミングがさらに遅れやすくなる。集中力を高めて踏み切ること。

レベルUP↗

- 助走でスピードを出し、踏み切りは勢い良く前に跳び出す
- ポールを出す手のタイミングが遅れやすくなるので注意する
- 上ではなく、前（水平）方向にできるだけ遠くに跳ぶのが狙い
- 空中動作ではポールを引きつけ、体から離さない

棒高跳

体との距離が離れないようにして効率よくポールにぶら下がる

距離を意識して、できるだけ遠くに腹ばいで着地する

CHECK POINT

効率よくポールにぶら下がるために、空中動作ではポールから体を離さない。踏み切りのタイミングがズレがちになるので、注意する。

CHECK POINT

棒高跳が上手な人ほど棒幅跳も遠くに跳べる。距離にこだわり、前（水平）方向にできるだけ遠くに体を跳ばす意識で行おう。練習時には記録をつけることを推奨する。

PART 2

コツ 18 踏み切り動作

踏み切り動作とタイミングを確認する

カカトから踏み出すように
ゆっくり歩き始める

ボックスにポールを突き入れる
イメージを持って準備

持ち手を斜め前に
向かって上げていく

 トレーニング 1

ゆっくり歩いて踏み切るタイミングを確認する

ゆっくり歩きながら、踏み切り時の腕の使い方とタイミングをマスターするのが狙い。全体を5歩で歩き、3歩目で腕をあげ始め、5歩目で踏み切る。踏み切りとポールの持ち手を上に突きあげるタイミングを合わせるのがポイント。反復してその感覚を覚えたい。

CHECK POINT

踏み切りは片足で行う。もう一方の脚（リード脚）は折り曲げて引きつける。ポールを突き入れるときは、姿勢をまっすぐにし、上の手がその延長線上にあるのが理想だ。

- ゆっくり歩いて踏み切るタイミングを確認する
- 姿勢をまっすぐにし、ポールをボックスに突き入れるイメージを持つ
- 踏み切りは片足で。カカトから足裏全体で接地する
- 踏み切るタイミングでポールを額の上に突き出す

棒高跳

3歩目で踏み切る。カカトから足裏全体で接地する

同じタイミングで、ポールを額の上に突き出すように出す

踏み切り足を拇指球から離れるようにして力強く蹴る

+1 プラスワンアドバイス

ポールの握り方

利き手が右の場合、右手は手首を曲げないように素直に握る。左手は親指と人差し指で軽く握るイメージ。強く握ってしまうとポールをコントロールしにくくなるので注意しよう。

PART 2

コツ 19 突っ込み練習

移動式ボックスでポールを押し込む

トレーニング① 抵抗に負けないようにし、ポールをしっかり押し込める

　実際の跳躍では、ポールを深さ20cmほどのボックスに突っ込み、その反動で体を浮かせる。ここでは移動式のボックスを使用し、抵抗に負けないように押し込んでいき、踏み切り動作につなげる。腕を伸ばして押し出すときに負荷がかかるため、筋力アップの狙いもある。

CHECK POINT

ボックスにポールを突き入れる際は、ボックス奥の溝やや手前を突き、奥に滑らせるようにするのが理想だ。それによってポールがスムーズに立ち、反発力を生みやすい。

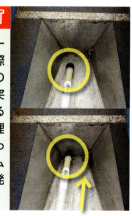

ポールの先端をボックスに突っ込み、逆側は肩に担ぐようにして助走に入る。抵抗に負けないようにしながら腕を上方に伸ばしていく。

助走速度にあわせて、遅れないように額の上にタイミング良く腕を突き出す。

踏み切りは足裏全体で接地。最後に拇指球で離れると、力強く地面を蹴れる。空中では腕を真上に伸ばし、体が1本の棒のように伸び切った姿勢をキープする。

レベル UP

- ポールを移動式ボックスに突っ込み、力強く押していく
- 負荷がかかる中で両腕を真上に伸ばして踏み切る
- 余裕があれば、助走スピードを上げて行う
- 助走練習と踏み切り練習を連結させ、筋力アップも図る

PART 2 コツ20 短距離跳躍

短助走から実際の形で上方向に跳ぶ

助走を伸ばし、ポールを腰の横で構えて勢いよく助走する

腕を真上に伸ばしながらポールをボックスに突き入れる

トレーニング①
腕を伸ばして「溜め」を作り体の勢いでポールを曲げる

　これまでの練習を集約し、長めの助走でポールを曲げて跳ぶ。棒幅跳ではポールを体に引きつけたが、ここでは踏み切りで伸ばした腕を維持し、空中で「溜め」を作ることで、体の勢いがポールに伝わりポールが曲がる。その後、体が上下逆になってから引きつける。

CHECK POINT

ポールを曲げるには、恐がらずに強く踏み切り、同時にしっかりと腕を伸ばすように突き出す。そして、その状態を振り上げ脚とともに維持することでポールに体重が乗る。

- 助走の距離を伸ばし、勢いよく走り力強く踏み切る
- 踏み切りとポールを出すタイミングを合わせる
- 踏み切った後は両腕を伸ばし、空中で「溜め」を作ってキープする
- 溜めることによりポールに体重が乗って、ポールが曲がる

棒高跳

腕を伸ばしたまま溜めを作ることで、ポールが曲がって反発力が生まれる

助走の勢いをキープしながら、足裏全体で力強く踏み切る

ールから手を離し、ットに着地する

実際の跳躍では、ここで頭を下にし、足を上方へ突きあげる

45

PART 2
コツ 21 ロックバック&引きつけ動作
鉄棒を利用して空中動作を身につける

ロックバック
10回×3セット

踏み切り脚を伸ばしてリード脚を曲げた姿勢を作る

頭を下にし、腕を伸ばしたまま、腕の力で足を上方向に持ちあげる

腰を頭より高い位置に持っていき、その姿勢をキープする

 トレーニング① 腕の力とバランスで腰を頭より高い位置まで持っていく

踏み切った後は体をコンパクトにし、ポールを体に預けて空中で溜めを作る。その上昇準備姿勢の直前の動作を鉄棒を利用して身につける補強。踏み切り脚を伸ばし、リード脚を曲げた姿勢から腰を頭より高い位置に持っていく。腕力アップにも効果がある。

CHECK POINT

ロックバックとは、腰と両脚が曲がっているポールを覆うようにまくりあげる動きが終了した姿勢のこと。ロックバック完了がポールの伸展開始となるタイミングが理想だ。

46

レベルUP↗
・ロックバックは腕の力とバランスで腰を頭より高い位置まで持っていく
・実際の跳躍ではロックバック完了がポールの伸展開始となるタイミングが理想
・引きつけ動作は体を鉄棒に引きつけた状態のまま腕の力で体を上下させる
・鉄棒の握り方はポールを持つときと同様、片方が順手になる

棒高跳

引きつけ動作
10回×3セット

両脚を振りあげで足首が鉄棒につく体勢から **スタート**

両腕は伸ばしたまま、鉄棒を体に引きつけながら脚を真上に振りあげていく

もっとも高い位置まで振りあげたら、同様の動きで脚を下ろし、最初の体勢に戻る

トレーニング 2 体を鉄棒に引きつけたまま腕の力で体を上下させる

空中においてロックバックの姿勢から頭を下にし、足を上方へ突きあげバーを越える動作に移行していく。ポールの反発に合わせて体が上に伸びていくわけだが、この局面ではポールと体が離れやすい。そこで腕を伸ばして鉄棒で体に引きつけたまま上下させる。

CHECK POINT

鉄棒の握り方は、ポールを持つときと同じで左が順手、右が逆手。引きつけ動作はロックバックとともに、棒高跳の動作に特化した補強なので、逆の動作をやる必要はない。

PART 2 コツ22 上半身&下半身の鉄棒トレーニング
鉄棒にぶら下がりバーベルや脚を上げる

鉄棒（上半身）
10回×3セット

器具を装着した足を引っ掛け、鉄棒に逆さまになってぶら下がる

両手に持ったバーベルをゆっくりと腰のあたりまで引きあげる

トレーニング① 鉄棒に逆さまにぶら下がりバーベルを腰まであげる

空中では頭が下、脚がまっすぐに上を向く局面がある。鉄棒に逆さまにぶら下がることで、その局面に近い状態を再現できる。バーベルの引きあげは、バーを越えるときにポールを離す動きの補強トレーニング。それぞれ実際の動きをイメージしながら取り組もう。

CHECK POINT

「サスペンションブーツ」や「グラビティーブーツ」と呼ばれる器具で、フック部分を鉄棒に引っ掛けることで逆さ懸垂の姿勢が可能。安全のためにも必ず装着すること。

レベル UP↗

- 鉄棒に逆さまにぶら下がり、バーベルを腰まであげる
- 逆さまになった局面でポールを離すタイミングをイメージして上げる
- 鉄棒にぶら下がり、両足を揃えたままあげる
- 腹筋を中心とした体幹を鍛え、体の軸を強化する

棒高跳

鉄棒（下半身）
20回×3セット

順手で鉄棒を握り、リラックスしてぶら下がる

両足を揃えてゆっくりあげ、腰が90度になったところで一旦止まる

そこから足が鉄棒につくまで上げたら、ゆっくり下ろし、下ろし切らないところから再度、足をあげていく

トレーニング ② 鉄棒にぶら下がり両足を揃えたままあげる

　実際の跳躍では、空中で逆さまの体勢になり、バーを越えるまでは体の軸をまっすぐに保つ必要がある。そこで欠かせないのが腹筋を中心とした体幹の力。鉄棒によって腕力も鍛えながら、揃えた両足を上げ下げすることで腹筋や下半身を鍛える補強トレーニングだ。

CHECK POINT

　実際の跳躍では、踏み切ってロックバックの姿勢を作ってから、ポールの伸展を利用して足を上方へ突きあげる。このとき、体の軸をまっすぐ維持することで高さを得られる。

Column 「棒高跳の練習での安全対策」

　日本陸上競技連盟は競技中や練習中の事故を防ぐために、「安全対策ガイドライン」を作成し、跳躍に関しては「安全な場所・設備・器具を使用する」、「試技開始前は、周知を行い安全対策に努める」としている。
　とくに非日常的な動きが伴う棒高跳は、ケガが隣り合わせの種目でもある。マットを正しい位置に設置するのはもちろん、無謀な高さへの挑戦や慣れない硬さのポール使用は避けること。スキルアップは大切だが、まず何よりも安全を十分に確認した上で日々のトレーニングを行いたい。

PART3
走幅跳トレーニング

※トレーニングの回数は表示されているものを目安に。回数の表示がないものは、自分のコンディションやトレーニングの目的を理解したうえで取り組む

PART 3

コツ 23 走幅跳（はさみ跳び）のフォーム
空中で手脚を回し、走るように跳ぶ

助走スピードを生かしてダイナミックに跳躍する

　現代の男子トップ選手の主流である「はさみ跳び」は、シザースとも言われ、他の跳び方に比べて助走スピードを生かせる特徴がある。**空中では腕を回すのに合わせて、1歩か2歩走るような動作が入る。ある程度の滞空時間が必要で、横から見ると、空中を走っているように映る。**

　動きの流れとしては、スピードに乗った助走から、ファウルに気をつけながら片足で踏み切る。目線は前方に向けて、踏み切り足と逆の足を前上方向にあげ、空中で腕を回しながら踏み切り足を前に出す。さらに足を入れ替え、最後は両足を前で揃えるようにして着地する。

レベルUP↗

- 目線は前方に向け、腕を振って前への勢いを跳躍力に変える
- 踏み切り足と逆の足を前上方向にあげ、空中で左右の脚の前後を入れ替える
- 最高点に達したらもう1ストローク手脚を回す
- 後ろ足を前に出し、両足を前で揃えて着地する

走幅跳

CHECK POINT

踏み切ったら腕を振って、前への勢いを跳躍力に変える。最高点に達するまでに足を入れ替え、同時に腕を回し、最高点に達したらさらにもう1ストローク手脚を回す。

CHECK POINT

最後は両脚を前に放り出すように伸ばし、空中での流れから前に伸ばした両腕を後ろにかき込むように引いて着地する。この動作ができるかできないかで、記録は大きく変わる。

PART 3

コツ 24

走幅跳（反り跳び）のフォーム

空中で弓なりの体勢をつくって跳ぶ

全身を反らせてから両腕と両脚を前に出す

「反り跳び」は、踏み切り後に空中で全身を反らせ、前屈姿勢で着地する跳び方。**はさみ跳びと比べて、比較的技術を習得しやすく、脚を揃えて着地しやすいメリットがある**一方、踏み切りでスピードをロスするリスクが高い。一般的に男子よりもスピードや滞空時間の長さで劣る女子選手が採用するケースが多い。

強く地面を蹴って踏み切り、踏み切り足の逆足を振りあげるまでは、はさみ跳びと同じ。その後、両脚と両腕を引きながら、弓なりの体勢になる。後ろに引いた両腕と両足を同時に前に出し、腕は後ろに引き、両足を揃えて着地する。

レベルUP↗
- 体の真下で踏み切るイメージで跳躍動作に入る。
- 両腕と両脚を後ろに引き、弓なりの体勢になる。
- 後ろに引いた両腕と両足を同時に前に出す。
- 初級レベルの人は、まずは反り跳びで踏み切りと着地技術を習得する

走幅跳

CHECK POINT

反ることのみを意識しすぎると、硬くなったり、十分な踏み切りができずに空中でバランスを崩しやすい。目線を常に前に保つことで、空中でも体のバランスが安定する。

CHECK POINT

スピードを生かしたはさみ跳びは、男子トップ選手の主流だが、高い技術が要求され難易度が高い。初級レベルの人は、まずは反り跳びで踏み切りと着地技術を習得しよう。

PART3 コツ25 走幅跳で鍛える筋肉
走力と跳躍力のレベルアップを図る

競技に直結する脚力とスピードを高める

　走幅跳は助走の勢いを跳躍に結びつける種目。動き自体は誰にでもできるシンプルさが特徴だが、跳躍4種目の中ではもっとも脚力とスピードが競技に直結する。とくに重要なのは踏み切り。**その準備動作や足の接地の仕方、跳ぶタイミングをしっかり身につけ、助走で生み出す力をロスしないようにしたい。**

　筋力的には臀部と大腿部の脚力が欠かせない。踏み切り後は空中で手脚を動かすので、バランスを取るために体幹の強さも必要だ。各種ドリルで専門技術を磨きながら、同時に基礎体力も高めていくのが望ましい。

走幅跳

POINT 1 助走が速ければ速いほど跳躍の記録は伸びる

踏み切り以降の技術レベルにもよるが、基本的には助走が速ければ速いほど跳躍の距離は伸びる。走幅跳と短距離の両種目で活躍する選手も少なくない。跳躍だけに目を向けず、日頃から助走のスピードや技術を向上させていくことが大切だ。

POINT 2 踏み切りの良し悪しが試技成功の9割を決める

助走以上に重要なのが踏み切り。ここで試技成功の9割が決まると言われている。トップスピードの中、わずか20cmの踏み切り板で踏み切らなければならない。接地の仕方や手脚の動き方、タイミングの取り方など、習得すべきポイントは多い。

POINT 3 はさみ跳びと反り跳び 自分に合った形で跳ぶ

はさみ跳び　　反り跳び

空中動作にはおもに「はさみ跳び」と「反り跳び」がある。一般的には女子選手や初級レベルの選手が反り跳び、それ以上のレベルではさみ跳びを採用する。ただ、これは絶対ではないので自分に合った跳躍スタイルを見つけよう。

+1 プラスワンアドバイス

1歩1歩大きく踏み込んで跳ぶバウンディングで脚力強化

脚力強化には、空中で脚を大きく前後に開き、1歩1歩しっかり踏み込んで遠くに跳んでいく「バウンディング」が有効。バウンディングが跳べるようになれば、1歩で体が進む距離が大きくなり、脚力がアップする。

PART 3
コツ 26　マーカー走

スピードを上げ最後は気持ち良く走る

トレーニング 1　気持ち良く加速できる助走を見つける

助走は、静止した状態から走る「セットスタート」と、スキップやステップなど補助的な動きで勢いをつけて走り出す「ローリングスタート」がある。それぞれに長所と短所があり、どちらがよいとは言えない。自分に合ったスタイルで低い体勢からスタートし、徐々に体を起こしていく。

CHECK POINT

Aは①よりも②を、②よりも③を速くして走る。Bは①でスピードを上げ、②はリラックスして維持し、③でグンと上げる。Cは①で気持ちよく走り、②で一気に上げて③で維持する。

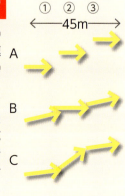

レベル UP↗
- 45mを3区間に分け、自分に合ったスピードの上げ方を見つける
- スピードを上げる区間では脚の回転を速くし、力強く走る
- スピードを維持する区間では力まず、リラックスして走る
- 3区間目の最終局面では気持ちよく最高スピードで走る

走幅跳

45mを走る助走練習。15mずつ3区間に分けて行う

スピードを上げる区間では短距離走のように脚の回転を速く

最高スピードで気持ちよく踏み切り局面を迎える

スピードを維持する区間では力まず、リラックスする

PART 3 踏み切りの姿勢づくり

コツ27 正しい踏み切り姿勢を身につける

股関節をしっかり開いてリード脚のモモを水平まで引きあげ、ツマ先もあげる。拇指球で立った踏み切り脚に全体重を乗せて、前上方向に背伸びをするイメージ

 踏み切り脚に全体重を乗せ前上方向に背伸びする

踏み切り時の良い姿勢とは、踏み切り足の逆（リード脚）のモモを水平まで引きあげ、拇指球で立った踏み切り脚に全体重を乗せて、前上方向にグンと背伸びするイメージ。パートナーに支えてもらいながら正しい姿勢を身につけ、跳躍前に確認するクセをつける。

CHECK POINT

跳び出しの勢いを意識しすぎると上体が前のめりになりやすい。踏み切りはその場で背伸びをするイメジで上方に蹴りあがることで、助走のスピードを生かすことができる。

レベルUP↗
・踏み切り脚に全体重を乗せ、前上方向にグンと背伸びをする
・正しい姿勢を作ってパートナーに前から支えてもらう
・上体は前傾や後傾をせず、起こしてまっすぐにする
・正しい踏み切り姿勢は跳躍前に確認するクセをつける

走幅跳

正しい踏み切り姿勢を作ると前に倒れてしまうので、パートナーに支えてもらおう。数秒間、その姿勢を保つことで実際の跳躍練習に生かされる

踏み切りイメージ

+1 プラスワンアドバイス

前傾や後傾した踏み切りはNG
上体を起こして踏み切る

踏み切る瞬間は、上体が前傾するのも後傾するのもよくない。前傾すると、空中で踏み切り脚を前に出せず、後傾は失速の原因になるからだ。目線を前に向け、上体は起こしてまっすぐにすることでロスのない跳躍になる。

61

PART 3 コツ**28** スキップ

動きながら踏み切り姿勢を確認する

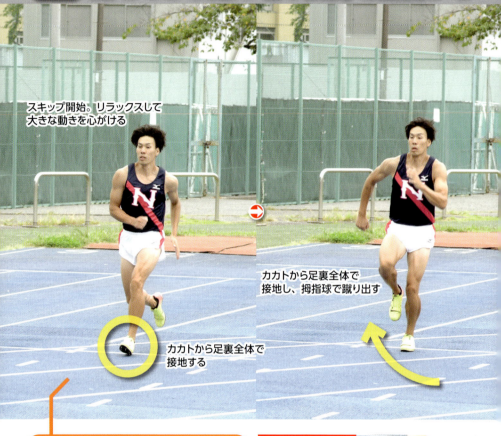

スキップ開始。リラックスして大きな動きを心がける

カカトから足裏全体で接地し、拇指球で蹴り出す

カカトから足裏全体で接地する

 トレーニング1
回数を重ねるごとにスピードと跳躍力を上げる

　スキップしながら正しい踏み切り姿勢を作る。着地するたびにその動作を繰り返す。1回目より2回目、2回目より3回目と、回数を重ねるごとにスピードと跳躍高が上がっていくようにしたい。そのとき、空中でバランスを崩さないことを意識する。

CHECK POINT

接地はカカトから入り、足裏の外側を通って拇指球で蹴ることで力強い踏み切りが可能になる。ツマ先で接地すると、体が前に突っ込んでしまい、正しい角度で跳躍できない。

- スキップをしながら正しい踏み切り姿勢を作る
- 接地はカカトから入り、足裏の外側を通って拇指球で蹴る
- 回数を重ねるごとにスピードと跳躍高を上げていく
- 空中でバランスを崩さないことを意識する

走幅跳

踏み切り脚に全体重を乗せ、前上方向にグンと背伸びするように

上体を起こし、軸をまっすぐにキープして行う

リズムよく動くために逆脚でも同じ動作を行う

再びスキップに戻る

63

PART 3 / **コツ29** 短助走(5歩)踏み切り

ピットで短い助走から実際に跳ぶ

踏み切り板の5〜6歩前から助走をスタートする

最後の一歩は歩幅を狭く、リズムアップして踏み切りを行う

うまく歩幅を合わせて、カカトから足裏全体で接地する

 トレーニング①
5〜6歩の短助走でタイミングよく踏み切る

習得した助走と踏み切りの局面をつなげ、ピットで実際に跳んでみる。まずは5〜6歩の短助走で行う。足の着き方や踏み切り姿勢を意識し、タイミングよく踏み切ることを目指す。踏み切り一歩前は、カカトから接地することが大事。ツマ先で接地するとブレーキがかかってしまう。

CHECK POINT

一般的な助走距離は初心者で30m前後。レベルが上がればその距離は伸び、踏み切りのタイミングも難しくなる。まずは短助走で正確に踏み切り、徐々に伸ばしていきたい。

- 5〜6歩の短助走から踏み切り動作までつなげる
- 最後の一歩は歩幅を狭く、リズムアップして踏み切りを行う
- 足の着き方や踏み切り姿勢を意識し、タイミングよく踏み切る
- 前上方向に伸びあがるようにして助走スピードを生かす

走幅跳

リード脚を振りあげ、踏み切り脚に全体重を乗せる

前上方向に伸びあがるようにすると、助走スピードを生かした跳躍になる

ここでは安全に着地する

実際の跳躍では、ここから手脚を動かして距離を出す

PART 3

コツ 30 ロイター板を使って跳ぶ

本来の正しいヒザの角度で踏み切る

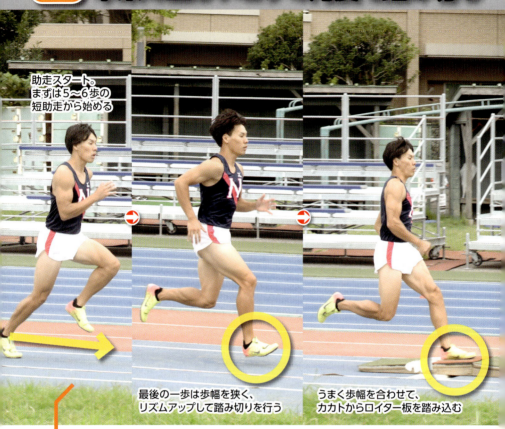

助走スタート。まずは5～6歩の短助走から始める

最後の一歩は歩幅を狭く、リズムアップして踏み切りを行う

うまく歩幅を合わせて、カカトからロイター板を踏み込む

トレーニング 1 ロイター板がないときと同じフォームで踏み切る

　ロイター板を使って跳ぶ。踏み切りやすく高さも出るので楽しいが、ここで注意したいのはロイター板がない本来の状況と同じフォームで跳ぶこと。それができれば、本来はロイター板を使うときよりも約10㎝下で踏み切るので、腰がより乗りやすくなる。

CHECK POINT

　踏み切りでヒザが曲がるのはNG。ロイター板を使うと跳びやすいが、踏み切りの局面でヒザが曲がりやすい。何が目的の練習かをしっかり理解し、本来のフォームで跳ぶこと。

- ロイター板を使い、ロイター板がないときと同じフォームで跳ぶ
- 最後の一歩は歩幅を狭く、リズムアップして踏み切りを行う
- ヒザが曲がってしまわないように注意する
- うまく歩幅を合わせて、カカトからロイター板を踏み込む

走幅跳

上体をまっすぐに保ち、背伸びをするように上方に蹴りあげる

ヒザの角度に注意

空中でも視線をまっすぐに向けたまま、正しい踏み切り姿勢を作る

本来はここから動きを加え、はさみ跳びや反り跳びへと移行する

安全に砂場に着地する

PART 3 コツ31 中助走からの跳躍

助走を伸ばして中助走から跳ぶ

中助走では短助走のときよりもスピードに乗って走る

最後の一歩は歩幅を狭く、リズムアップして踏み切りを行う

目線は前方に向けて、前への勢いを跳躍力に変換する

トレーニング1 助走を10〜12歩にして飛距離を伸ばす

助走を10〜12歩の中助走に伸ばし、踏み切って着地までを通して行う。中助走になると勢いもスピードも増し、踏み切りの難易度が高くなる。脚への負担を軽減するためにも前ページで紹介したロイター板の使用を推奨するが、その際はあくまでも正しい踏み切りを意識すること。

CHECK POINT

練習の全助走よりも試合では集中力が高く、記録が20〜30cm良くなる。ロイター板を利用した練習での中助走跳躍の記録は、試合での全助走距離と変わらない記録となるはずだ。

PART 3 コツ32 ボックス昇り降り&クリーン

シャフトを使って筋力アップを図る

ボックス昇り降り
左右10回×3セット

シャフトを頭の後ろ側の肩に担ぎ、カカトからの接地でボックスに昇る

昇った勢いのまま、リード脚を引きあげて踏み切り脚1本で伸びあがるように立つ

ボックスから降りるときは、前かがみにならないように意識する

トレーニング1 大腿部裏の上部と臀部の筋肉を強化する

踏み切りで上方に背伸びするように伸びあがる局面を想定し、大腿部の真ん中から上部と臀部の筋肉を強化するのが目的。能力や筋力に合わせて、重量を上げていく必要がある。踏み切り脚がメインではあるが、走力の強化にもなるので両脚を行うようにしよう。

CHECK POINT

ツマ先をあげ、カカトから足の裏を転がすように接地して昇ると、より大腿部の上部から臀部に刺激が入る。ツマ先を下げて行うと、鍛える部位が変わってしまうので注意する。

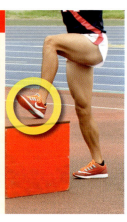

- ボックス昇り降りは、大腿部の真ん中から上部と臀部の筋肉を強化する
- カカトから足裏を転がすように接地して昇ると、正しい部位に刺激が入る
- シャフトの上げ下げで跳躍に必要な瞬発力と筋力を鍛える
- すべての力を集約し、ジャンプしながら一気にシャフトをあげる

走幅跳

クリーン

冬期トレーニング（筋量アップ）10回×3セット
試合期（出力アップ）1〜5回×3セット

 トレーニング 2　跳躍に必要な瞬発力と筋力をシャフトの上げ下げで鍛える

　ウエイトトレーニングの基本的な種目である「クリーン」。脚ではふくらはぎやヒザを曲げ伸ばす関節、体幹では曲がった上体を起こす背筋、物を引きあげる腕力などを総合的に高められる。全身の力を集結させて、一気に大きな力を生み出すためのトレーニングだ。

肩の力を抜き、リラックスしてシャフトを腰のあたりで構える。お尻を引くようにして腰を落とし、シャフトも足首付近まで下げる。そこからすべての力を集約し、ジャンプしながら一気にシャフトをあげ、重心を下げてシャフトを肩の位置で収める。

CHECK POINT

　一部分でもタイミングずれると、大きな力にはならない。重さの目安は姿勢が崩れない程度の重さ。重すぎると動きがバラバラになる。軽い重さから始めて徐々にあげていく。

立幅跳で着地動作を習得する

PART 3 コツ+α 立幅跳

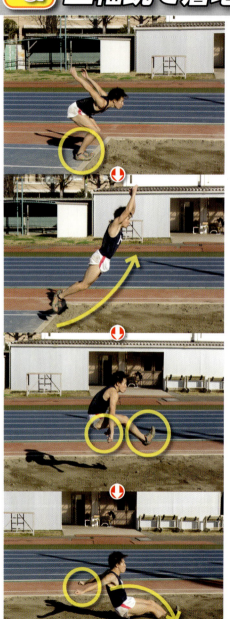

トレーニング 1　両腕の振り込みや振りあげ 着地動作の練習にもなる

　純粋な跳躍能力を測る種目として体力測定などで用いられるが、両腕の振り込みや振りあげ、着地動作を身につける練習にもなる。ヒザの伸展と腕を振り込むタイミングを合わせることで、より遠くに跳べる。一定期間ごとに記録を取り、自分の成長を確認しよう。

　両足を揃えて砂場の縁に立ち、腕を後方に大きく引いてヒザを曲げ、その反動を利用して腕を振りあげ、伸びあがるように跳ぶ。腕を前から後ろに振り下ろすことが大切。腕を後ろに引くことにより、着地の脚が前方に伸びる。脚を前に放り出し、長座のような姿勢になり、脚を揃えて着地する。

レベルUP↗

- 両腕の振り込みや振りあげ、着地動作を身につける練習にもなる
- 腕の反動とヒザの伸展を利用し、砂場の縁から両足を揃えて跳ぶ
- 長座のような姿勢になり、脚を揃えて着地する
- 一定期間ごとに記録を取り、自分の成長を確認する

PART4
三段跳び トレーニング

※トレーニングの回数は表示されているものを目安に。回数の表示がないものは、自分のコンディションやトレーニングの目的を理解したうえで取り組む

PART 4 コツ 33　三段跳（助走）のフォーム

最高スピードを維持し跳躍につなげる

踏み切り準備ではそのまま走り抜けるように走る

　三段跳の助走は走幅跳と同様、**トップスピードまで高め、それを維持することが跳躍距離を伸ばすカギ**。ただし、最初のジャンプ（ホップ）は走幅跳の跳躍より上昇角度が小さく、体を前に放り出す形になる。したがって助走も、踏み切り準備では重心の沈み込みが浅く、そのまま走り抜けるような走り方が理想だ。

　具体的には、ツマ先をあげ、低い姿勢からスタート。力強く地面を蹴って一気に加速する。スピードを上げながら上体を起こし、前を向く。助走中盤で完全に体を起こしたら、トップスピードを維持したまま、踏み切りに入っていく。

レベルUP↗

・跳躍距離を伸ばすには、助走でトップスピードまで高め、それを維持する
・低い姿勢からスタートし、力強く地面を蹴って一気に加速する
・徐々に上体を起こし、助走中盤では完全に起こし切る
・踏み切り準備では重心の沈み込みを浅く、そのまま走り抜けるように走る

三段跳

CHECK POINT

他の跳躍種目と同様、スピードに乗りやすいローリングスタートと、踏み切りの歩幅が合いやすいスタンディングスタートがある。自分に合ったスタート方法で走り出そう。

CHECK POINT

スタート直後はやや下向きの姿勢となるが、そのまま走り続けるのは、スピードに乗れず、脚も後ろに流れてしまうためNG。徐々に上体を起こし、助走中盤では完全に起こし切る。

PART 4

コツ 34 三段跳（ホップ〜ステップ）のフォーム

同じ足で2回続けて跳躍する

次の動きにつながるようにバランスよく跳ぶ

　三段跳は助走後、ホップ、ステップ、ジャンプの3つの連続した跳躍が行われる。一般的には、ホップ35%、ステップ30%、ジャンプ35%での跳躍距離がもっともバランスが取れ、記録が伸びると言われている。そして、ホップのときはステップを、ステップではジャンプと、次の動きを考えて跳ばないといけない。

　助走スピードを生かし、踏み切り板で体の真下に接地するように踏み切る。ホップは低く遠くへ。空中では両腕を前から後ろに水をかくように引く。ステップもホップと同じ足で踏み切り、逆足を前にしてジャンプへと向かう。

レベルUP↗

- ホップでは足裏全体で、体の真下に足がくるように踏み切る
- ステップはホップと同じ足で踏み切る
- 踏み切り角は低く。それによって助走スピードにブレーキがかからない
- 次の動きにつながるようにバランスを考えて跳ぶ

三段跳

CHECK POINT

ホップで高く跳びあがるのは、ブレーキがかかり距離も出ない。標準的な踏み切り角は15度程度で、走幅跳よりもだいぶ低い。これによってスムーズにステップに移行できる。

CHECK POINT

ホップからステップへの局面では、目線を前に向け、両腕を前に出した状態から水をかくような動作で後方に引く。そして、腕と肩のラインが地面と水平になったら腕を下げる。

PART 4

コツ 35 三段跳（ジャンプ）のフォーム

ホップ、ステップとは逆の足で踏み切る

空中で両ヒザを折りたたみ、前に伸ばして着地する

　片脚で踏み切り、両脚で着地するという点で、三段跳のジャンプと走幅跳の跳躍は共通しているが、踏み切り時での助走のスピードは大きく異なる。三段跳はステップまでにどうしても減速し、ジャンプでは助走の速度を十分に得られない。**そのため全身のバネを総動員して、前方への重心移動をできるだけ大きくすることを心がけたい。**

　ジャンプはホップ、ステップとは逆の足で、体の真下に足がくるイメージで踏み切る。接地していない脚を前方に振りあげてから両脚を折りたたみ、体全体をコンパクトに。水をかくように両腕を後方に引き、長座姿勢で着地する。

レベルUP↗
- ジャンプはホップ、ステップとは逆の足の足裏全体で踏み切る
- 全身のバネを総動員し、前への重心移動をできるだけ大きくする
- 空中で両脚を折りたたみ、体全体をコンパクトにする
- 水をかくように両腕を後方に引き、長座姿勢で着地する

三段跳

CHECK POINT ✗

足を蹴りあげすぎると、足が後ろに流れ、上体が前に突っ込んでしまう。これでは脚を折りたたんで前に出すタイミングがとれず、長座の体勢から着地することも難しくなる。

CHECK POINT

空中で両脚を折りたたみ、体全体をコンパクトにした後は、両腕は水をかくように後方に引きながら脚を前に伸ばす。長座の姿勢でお尻から着地するのは走幅跳と同じだ。

PART 4 コツ36 三段跳で鍛える筋肉

バランスを崩さずに連続して跳ぶ

分割練習でも前後の動作と関連づけて取り組む

　助走、ホップ、ステップ、ジャンプ、着地というそれぞれの局面は、**分割して練習する際も、常に前後の動作と関連づけて考えたい**。たとえばホップで跳びすぎると、バランスを崩した状態でステップを迎えなくてはならないからだ。

　そういう点では、様々な動作を連続させたり、連続ジャンプを組み込んだ練習が有効になる。助走も重要なので、スプリント力を高めるメニューも欠かせない。必要な基礎体力としては、走力を生み出す脚筋力や、バウンディングを遠くに跳ぶための股関節まわりの力。走幅跳の跳躍距離も一つの目安になる。

POINT 1 跳躍専門であっても走力をしっかり磨く

助走スピードが跳躍距離に影響するのは走幅跳と同じ。ホップ、ステップと跳躍を続ける中で、できるだけ減速させないことが重要になる。ダッシュや加速走などのメニューで、跳躍専門であっても短距離選手並みの走力を身につけたい。

POINT 2 動きづくりのメニューは部位を意識して行う

助走や3つの跳躍など、それぞれの局面で正しい動きができるように、動かす筋肉を意識しながら正確に行う。調子が悪いなと感じたときにフォームを確認するのはもちろん、定期的に取り組んで体に染み込ませよう。

POINT 3 走るため、跳ぶための筋力アップを図る

筋力アップのためにもウエイトトレーニングは不可欠だ。ただし、あくまでも「速く走る」「遠くに跳ぶ」ことが目的なので、細くて強い筋肉をつけることを目指す。どの局面で生かされるメニューなのか、しっかり理解した上で行うようにしたい。

+1 プラスワンアドバイス

難易度の低い練習から段階的にレベルアップさせる

前後の動作と関連づけることが重要だが、1つの動きができていない状態で次の動作に移っても意味がない。たとえば最初はホップ、それからホップ〜ステップと、段階的にスキルを上げることで身につきやすくなる。

PART4 コツ37 骨盤回旋歩行
骨盤を動かして腰が乗るようにする

脚の付け根を動かし、そこに腰を乗せていく

腕を除いた腰から上はほとんど動かないのが理想

上手く歩けていると、歩幅がぐんと前に伸びる

 トレーニング① 脚の付け根を動かしてそこに腰を乗せていく

　骨盤のひねりをスムーズ、かつ大きくできると、跳躍の際に腰がしっかり乗って、次の脚にも腰が乗り込めるようになる。つまり歩幅を稼げるわけだ。1回の跳躍で完結する走幅跳ではそれほど影響しないが、3つの跳躍が続く三段跳ではこの動きが重要になる。

CHECK POINT

　骨盤を回旋させながら歩くことで、脚をスムーズに出せるようになり、実際の跳躍でも踏み切り後に逆の脚を振りあげる動きがしやすくなる。「腰が乗る」感覚を覚えよう。

- 骨盤を動かして腰が乗るように歩く
- ヒザを前に出すというより、付け根から前に出す
- 腕を除いた腰から上はほとんど動かさない
- 上手く歩けていれば、歩幅が前にぐんと伸びる

三段跳

骨盤を
回旋させるようにして歩く

視線は前に。背すじを伸ばして、
腕をしっかり振る

パンツの横にラインが
あるなら、それが前から
見えるとよい

プラスワンアドバイス

競歩のようなイメージで
脚はつけ根から前に出す

歩き方としては競歩の動きに近くなる。腰をスムーズに乗せて、歩幅を稼ぐのが理想という点で狙いはほとんど同じ。練習着のパンツの横にラインが入っていれば、脚を出したときにそれが前から見えていればOKだ。

PART 4 コツ 38　マーカー走

スピードロスのない踏み切りを磨く

力強く踏み切るのではなく、脚のスムーズな運びを意識する

マーカーの手前に来たら、ホップの足をできるだけマーカーから遠い位置に接地する

トレーニング① 実際の跳躍の順でリズムよく足を運ぶ

　三段跳はスピードを生かすような水平方向に近い踏み切りが重要なので、助走スピードのロスなく踏み切るためのドリルを行う。マークの手前に来たら左、左、右（あるいは右、右、左）の順で接地する。タンタンタン、タンタンタン…と、リズムよく足を運んでいく。

CHECK POINT

　タンタンタン、タンタンタン…のリズムでスムーズに足をさばく。タンタンタンを1セットとし、1回目より2回目、2回目より3回目とどんどんスピードをあげていく。

レベルUP↗
・ホップ、ステップ、ジャンプのスムーズな足さばきを身につける
・マーカーの手前に来たら、ホップの足を接地する
・助走スピードをロスしないように踏み切る
・タンタンタン、タンタンタン…と、リズムよく足を運ぶ

三段跳

タ ー ン…タ…タ…タ…タ ー ン

マーク前の踏み切りはできるだけ遠くから行う。
近すぎると前方への推進力は生まれない。

右脚は接地せず空中で空振りさせる

マーカーを越した後はできるだけマーカーの近くに接地する

一連の動きを再び繰り返す。何度か繰り返す

ジャンプの足（ホップ、ステップとは逆）を接地。間の区間は短距離と同じように重心の下に足をつく

85

PART 4 走幅跳の練習を取り入れる

コツ39 走幅跳で基本的な跳躍力を高める

助走の最終局面は気持ちよく最高スピードで走る

体の真下から半足〜1足長までに収まるよう、足裏全体で接地する。

 トレーニング①　助走からホップまでは走幅跳の動きとほぼ同じ

助走からホップを踏み切るまでの流れは、姿勢や脚の振りあげ方が走幅跳に近い。ホップである程度の距離を出すためにも、走幅跳と同じ練習に取り組むのも効果的だ。P51〜72までの走幅跳トレーニングを参考にしながら、純粋に跳躍力をレベルアップさせよう。

CHECK POINT

走幅跳で跳べる人が三段跳でも優位になる。これは似た動きがあるから。とくにホップは走幅跳の跳躍に近いため、走幅跳のトレーニングを多く組み入れてホップの距離を伸ばす。

レベルUP
- 走幅跳の選手と同じ練習メニューに取り組む
- 助走の最終局面は気持ちよく最高スピードで走る
- 最後の一歩（踏み切り）の歩幅が、広くならないよう注意
- 走幅跳が前上方なのに対し、三段跳は水平方向に跳び出す

三段跳

踏み切り脚に全体重を乗せ、前上方向にグンと背伸びするように踏み切る

本来はこの後、ホップと同じ足でステップの動作に移行する

プラスワンアドバイス

跳び出すときの角度は
三段跳は15度程度が一般的

ホップの動きは走幅跳の跳躍に近いが、踏み切りで跳び出す角度は大きく異なる。走幅跳が前上方に跳び出すのに対し、三段跳は水平方向に跳び出す。踏み切り角は一般的に走幅跳が20〜24度、三段跳が15度程度と言われている。

走幅跳　　三段跳

87

PART 4 — コツ **40** ミックスジャンプ「右右左左」

跳躍のリズムとタイミングを覚える

水をかくように腕を使いあらかじめ決めたポイントで右足で踏み切る

両腕を肩のラインまであげてバランスを取る

トレーニング ①　両腕でバランスをとり体の軸がブレないようにする

右→右→左→左のように左右の足で踏み切ってつなげ、最後に着地する。連続して行う跳躍は体をひねってバランスを崩しやすいため、それをうまく調整できるようにするトレーニング。脚を入れ替えるときは両腕をうまく使うと、上体のバランスがとれる。

CHECK POINT

跳ぼうと意識しすぎると、力が入って体が開いたり、斜めになったりしてしまいがち。姿勢はまっすぐにして視線は前に向け、安定したリズムで跳躍を繰り返すことがポイント。

レベルUP
- 右→右→左→左のように左右の足で踏み切ってつなげる
- 両腕でバランスをとり、体の軸がブレないようにする
- 脚を入れ替えるときは両腕をうまく使う
- 空中で踏み切り足裏を接地目標位置に向ける

三段跳

PART 4 コツ+α ミックスジャンプ「右右左左右」
最後に右足で踏み切る

あらかじめ決めたポイントで右足で踏み切る

腕でバランスをとる

次の接地位置に足の裏を向ける

左足で接地。カカトから着く

右脚を振りあげ、左足で踏み切る

レベルUP

- 右→右→左→左→右の足で踏み切ってつなげる
- 両腕でバランスをとり、上体がブレないように
- 脚を入れ替えるときは両腕をうまく使う
- 空中で踏み切り足の裏を接地目標位置に向ける

三段跳

次の接地位置に足裏を向け再び右足で踏み切る

上体がブレないように注意する

振り上げた右脚と踏み切った左脚を空中で入れ変える

右→右→左のあとは左足で接地する

最後に再び右足で踏み切って砂場に着地する

PART4 コツ41　ホッピング
片脚の連続ジャンプで前進する

水泳の平泳ぎのように腕を使う

右足カカトから接地後、カカトを浮かせるように踏み切る

すばやくカカトをお尻の下に引きつける

両腕を左右に伸ばしてバランスをとる

トレーニング① 踏み切った足のカカトをすばやくお尻に引きつける

　ホッピングとは片脚で跳躍を続ける動き、いわゆるケンケンだ。ポイントは踏み切った足のカカトをすばやくお尻の下に引きつけること。ホップ時にこの動きをすることで、速やかにステップに移行できる。回数を重ねるごとにスピードと勢いをアップさせたい。※左右の跳躍距離を記録しておく

CHECK POINT

踏み切り後、カカトをすばやくお尻の下に引きつけられず、脚が後方に残っていると、次のジャンプで脚が出せない。つま先から接地し、結果的にブレーキがかかってしまう。

- 踏み切った足のカカトをすばやくお尻の下に引きつける
- 腕を大きく使ってバランスをとり、上体をまっすぐに保つ
- 1回1回のジャンプはできるだけ高く跳ぶ
- 回数を重ねるごとにスピードと勢いをアップさせる

三段跳

水をすくい上げるように力強く、腕を肩のラインまで持ってくる。肩のラインでストップしたら、その反動を利用して上方向に跳び上がる。

姿勢をまっすぐに保ったまま右足で接地する

1回目のジャンプと同じ形で踏み切る

2回目以降、徐々にスピードアップさせる

CHECK POINT

1回1回のジャンプはできるだけ高く跳ぶ。もちろん、バランスを崩して次のジャンプに結びつかない高さは必要ない。安定した動作でより高く跳び続けることが重要だ。

CHECK POINT

上体がブレてしまうのはNG。腕を大きく使ってバランスを取ろう。うまくできないときはジャンプの歩幅を小さく始め、正しい動きが身についたら大きくしていけば良い。

PART4 コツ42 ランジウォーク
股関節まわりの筋力を強化する

20歩×3〜5セット

 トレーニング① 上体を前のめりにせず起こして前に歩いていく

臀部から大腿部にかけての筋力強化が目的。股関節を大きく開いて深めに行うと、内転筋や股関節まわりも鍛えられる。これによって三段跳の土台とも言えるバウンディングが非常に強くなる。踏み込んだときに股関節の力を抜いてしまい、ヒザを下まで落とした楽な体勢を作らないこと。

シャフトを首の後ろで肩に乗せて担ぎ、まっすぐ立ち、片方の足をあげる。上に伸びあがるようにして片方のヒザを約90度に曲げる。あげた足を前に送り出し、上体はまっすぐのまま大きく踏み込んで腰を落とす。逆の足と交互に行い、前に進んでいく。

 レベルUP
- シャフトを首の後ろで担ぎ、左右交互に踏み込んで歩く
- 上体は前のめりにならないように起こしたまま行う
- 踏み込んだときに股関節の力を抜き、ヒザを下まで落とした楽な体勢を作らない
- シャフトの重さは正しい動きができる重さに設定する

PART 4 コツ 43　100mバウンディング
100mを続けてバウンディングする

三段跳

100m×5本（歩数の計測）
100mバウンディング+100mウォーク+
100m加速+100mウォーク×5周

 最後まで同じ形と勢いの
バウンディングを継続する

　100mを最後まで同じ勢いでバウンディングするのが狙い。序盤で大きなジャンプをしてしまうと最初に距離は出るが、次第にスピードが落ち、推進力も得られない。30m付近までは水平速度を上げながら、それ以降は徐々に遠くに跳ぶことに意識を変えていく。

空中で脚を前後に大きく開いて跳ぶ。接地した足が次のジャンプでは踏み切り足になる。
うまくタイミングを合わせて大きくジャンプし、空中ではリラックスして次の着地に備える。

 レベルUP

- 空中で脚を前後に大きく開き、一歩一歩しっかり踏み込んで跳ぶ。
- 空中ではリラックスして次の着地に備える。
- 最後まで同じ形と勢いのバウンディングを継続する。
- 30mまではスピードを意識し、それ以降は跳ぶ距離を意識する。
- ランジウォークの股関節の使い方を利用する

「練習でのマーカーの有効活用」

　助走路を使用する跳躍種目では、助走や踏切をしやすくするためにマーカーを2つまで置ける。走幅跳と三段跳では、1つは安定した加速を確認するために、もう1つは全力に近いスピードから踏み切り準備に入る地点に置くのが一般的だ。2つ目のマークは踏み切り4歩前に置くのが望ましい。

　練習では助走で意識するポイントすべてに置くのもいいだろう。試合でも同じだが、その日の調子や風向きなどによって助走スピードは微妙に変わるので、マーカーの位置を調節しながら、足が踏み切り板にきちんと合うようにする。